Hans Joas
Kirche als Moralagentur?

Hans Joas

Kirche als Moralagentur?

Kösel

MIX
Papier aus verantwor-
tungsvollen Quellen
FSC® C014889

Verlagsgruppe Random House FSC® N001967

Copyright © 2016 Kösel-Verlag, München,
in der Verlagsgruppe Random House GmbH
Umschlag: Weiss Werkstatt München
Satz: Vornehm Mediengestaltung GmbH, München
Druck und Bindung: Friedrich Pustet, Regensburg
Printed in Germany
ISBN 978-3-466-37175-4
www.koesel.de

Dieses Buch ist auch als E-Book erhältlich.

Inhalt

Einleitung

Die Kirchen in Deutschland können sich gegenwärtig nicht über einen Mangel an öffentlicher Aufmerksamkeit beklagen. In der sogenannten Flüchtlingskrise seit Sommer 2015 sind sie durch spektakuläre Aktionen und Appelle aufgefallen, die ein breites Echo in der Öffentlichkeit gefunden haben. Nicht alle Aufmerksamkeit, die sich auf sie richtet, ist freilich von wohlwollenden Motiven geleitet. Obwohl etwa die Reaktionen der Medien und vieler Menschen in Deutschland auf den persönlichen Stil und die ersten Handlungen und Äußerungen von Papst Franziskus äußerst positiv ausfielen, wissen wir alle, wie rasch die Popularität öffentlicher Figuren auch wieder verlorengehen kann. Auf protestantischer Seite war es Wolfgang Huber jahrelang gelungen, in erstaunlicher Weise die Wahrnehmung höchster kirchlicher Ämter mit scharfsinnigen Einlassungen zu vielfältigen Themen der öffentlichen politischen und moralischen Debatten zu verknüpfen. Er wurde so – neben dem prononciert kirchenkritischen Theologen Friedrich Wilhelm Graf – zum profiliertesten öffentlichen Intellektuellen des deutschen Protestantismus in unserer Zeit. Heinrich Bedford-Strohm, Hubers Nachfolger im Amt des EKD-Ratsvorsitzenden, tritt sehr bewusst in die Fußstapfen seines akademischen Lehrers und Vorbilds, während Margot Käßmann andere Bedürfnisse der Menschen anspricht als die des intellektuellen Disputs und damit andere Teile der Öffentlichkeit für sich einnimmt.

Neben dieser aufnahmebereiten, stark personenzentrierten Aufmerksamkeit lässt sich allerdings auch eine skeptische Haltung vor allem gegenüber der Institution Kirche feststellen, die sich in einer Bereitschaft zu Skandalisierungen äußert. Vor allem die katholische Kirche hat dies in den letzten Jahren – teils verdient, teils unverdient – stark erlebt. Die Aufdeckung zahlreicher Fälle sexuellen Missbrauchs und ihrer gewohnheitsmäßigen Vertuschung hat viele Menschen, gläubig oder nicht, tief erschüttert. Das Finanzgebaren des Bischofs von Limburg und die institutionelle Ermöglichung dieses Verhaltens haben viele von der Institution Kirche abgestoßen. Weitere Enthüllungen etwa über das Innenleben des Vatikans erscheinen als jederzeit möglich. Manche Kommentatoren gingen während des Pontifikats von Benedikt XVI. so weit, von der größten Krise der katholischen Kirche seit der Zeit der Reformation zu sprechen. Das erscheint allerdings als weit übertrieben und erstaunlich wenig geschichtsbewusst, d. h. vergesslich gegenüber existenzbedrohenden Krisen in der Zeit der Französischen Revolution, der Säkularisation, in Bismarcks »Kulturkampf« und vor allem während der Herrschaft von Nationalsozialismus und Kommunismus. Aber das Gefühl, dass die gesellschaftliche Verankerung der Kirchen durch Milieuerosion, Überalterung und Schrumpfung unsicherer geworden sei und deshalb jede Änderung der Windrichtung in der allgemeinen Öffentlichkeit beträchtliche Auswirkungen auf die Kirchenmitglieder und ihre Bereitschaft zur Zugehörigkeit hat, ist weitverbreitet und nicht unbegründet. Es besteht die Gefahr, dass sich die öffentliche Rolle der beiden großen Kirchen in Deutschland zunehmend in einem Missverhältnis befindet zu ihrer tatsächlichen Stärke. Ich glaube deshalb, dass eine Lage entstanden ist, in der eine neue sowohl sozialwissenschaftliche wie theologische Reflexion auf das, was Kirche bedeutet, angebracht ist. Diese muss alle interessieren, für die der religiöse Glaube mehr ist als ein individuelles Stärkungs- und Trostmittel. So wird er zwar von denjenigen vorwiegend empfunden, die sich heute als »unkirchlich, aber nicht unreligiös« definieren. Wenn aus dem Glauben aber etwas für das Handeln gegenüber anderen Menschen folgen soll und wenn der Glaube vielleicht ohne andere Menschen, die ihn teilen, gar nicht dauerhaft gelebt werden kann, dann stellt sich unweigerlich die Frage nach der richtigen sozialen Organisationsform der Gläubigen. Mit kritischer Distanz zur Kirche, wie sie ist, ist es dann nicht getan. Vielleicht gibt es ja überlegene soziale Organisationsformen, die dann erörtert werden müssten. Weil weiterhin biblisch gestützte lehramtliche oder theologische Bestimmungen dessen, was Kirche sei, oft nur ein Ideal aufrichten und sich zu wenig um das Maß der gelungenen Verwirklichung dieses Ideals kümmern, müssen auch die Sozialwissenschaften notwendig korrigierend mit ins Spiel kommen.

Leitend für die folgenden Überlegungen ist die Frage nach der Stellung der Kirchen zur Moral der Gesellschaften, in denen sie sich befinden, und zur Rolle der Moral in ihrer Verkündigung und öffentlichen Präsenz – ob Kirche eine Moralagentur der Gesellschaft sei, ihr diese Aufgabe angetragen werde und sie sich selbst als solche verstehen solle. Ich werde – so viel sei vorweggenommen – eine sehr skeptische Antwort auf diese Fragen geben. Der Weg dahin beginnt mit einer kurzen Darlegung des normativen Bezugsrahmens meiner Überlegungen und führt dann über eine knappe Erläuterung dessen, worin ich das wichtigste

Kennzeichen der religiösen Situation der Gegenwart sehe, zur eigentlichen und an dieser Stelle zentralen Reflexion auf die Sozialgestalt Kirche. Aus diesen drei Gedankengängen versuche ich dann die Antwort auf die Leitfrage zu gewinnen. Der Schluss fasst die verschiedenen Argumentationsstränge pointiert zusammen und erklärt, warum eine Moralisierung oder Politisierung der christlichen Botschaft und der Aufgabenstellung der Kirchen mir nicht als angemessene Antwort auf die Herausforderungen der Gegenwart erscheint.

Erneuerung aus (welchem?) Ursprung

Für katholische Christen liegt es nahe, zur Klärung ihres normativen Bezugsrahmens auf das Zweite Vatikanische Konzil (1962–65) zurückzugehen. Es brachte bedeutende Texte zum Selbstverständnis der Kirche in der Welt der Gegenwart hervor, von »Lumen Gentium« zu »Gaudium et Spes«, einschließlich »Dignitatis Humanae« und »Nostra Aetate«[1]. Ein halbes Jahrhundert später lässt sich freilich die Frage nicht umgehen, warum die Wirklichkeit der katholischen Kirche sich weiterhin stark von dem unterscheidet, was in diesen Dokumenten artikuliert und versprochen wurde. Die verbreitete Begeisterung über die Konzilstexte könnte auch ein Ausdruck des Unmuts oder der Verzweiflung über das sein, was seit dem Konzil mit der Kirche geschah oder nicht geschah. Sozialwissenschaftler sind aufgerufen,

Erklärungen zu suchen für die offensichtliche Diskrepanz zwischen dem Geist des Konzils und den harten Wirklichkeiten der postkonziliaren Kirche.

Die einfachste mögliche Erklärung besteht darin, dem Konzil selbst insofern die Verantwortung aufzubürden, als es seine Vision der Kirche nicht in ein klares und machbares Programm institutioneller Reformen übersetzte. Eine der grundlegenden Lehren der Organisationssoziologie bestätigt die menschliche Erfahrung, dass institutionelle Strukturen eine Trägheit aufweisen, die sich gegenüber vollmundigen Deklarationen von Leitbildern widerständig auswirkt. Nach einer Phase der Unruhe stabilisieren sich die alten Strukturen leicht wieder. Die Ansätze zu ihrer Umformung, die es gegeben haben mag, werden dann oft wieder zurückgedrängt. Über ein eigenes Exekutivorgan verfügte das Konzil ohnehin nicht, und der Kurienreform, die Papst Paul VI. nach Beendigung des Konzils in Angriff nahm, war kein großer Erfolg beschieden.[2]

Eine solche Erklärung gewinnt zusätzliche Plausibilität, wenn die Texte des Konzils »in statu nascendi«, d. h. im Prozess ihrer Entstehung untersucht werden. Die vermutlich beste soziologische Studie dazu[3] beschreibt das Konzil als einen Prozess, in dem etwas Unerwartetes und Unvorhersehbares geschah. Es setzte eine schöpferische Begeisterung ein, die sich theologisch als das Wirken des Heiligen Geistes interpretieren lässt, ein »neues Pfingsten«[4]. Soziologen sprechen dagegen von einem klaren Fall dessen, was der französische Begründer des Faches, Émile Durkheim, »kollektive Efferveszenz« nannte[5]. Das meint eine kollektive Begeisterung, in der die Einzelnen über sich hinausgerissen werden und Dinge sich zutrauen oder vollbringen, zu denen sie in ihrem Alltag weder den Mut noch die Phantasie gehabt hätten. Nicht alle Konzilsväter aber wurden so hingerissen; die besiegte Minderheit gab ihren Widerstand nach dem Konzil nicht einfach auf. Deshalb ist der Verweis auf organisatorische Trägheit allein eine unzulängliche Erklärung; es muss auch das aktive Wirken gegen das Konzil mit in Rechnung gestellt werden.

Noch weiter gehen aber die Erklärungen, die schon die Konzilstexte selbst als durchaus widersprüchlich interpretieren. In dieser Sichtweise nahm das Konzil zwar Korrekturen an der Lehre vor, hatte aber nicht den Mut oder die Einigkeit, die Korrekturen als Korrekturen darzustellen statt als bessere oder zeitgerechtere Ausdrucksform der Tradition[6]. »Aber es (das Konzil, H.J.) verstand sich als gebunden an die Lehre der Kirche über sich selbst als hierarchisches System, über den Papst als den allein Letztverantwortlichen in dieser Kirche, über die Unterordnung der Laien unter die Priester und über die Unveränderlichkeit der kirchlichen Lehre.«[7] Wenn diese Beschreibung zutrifft, dann können die Konzilsdokumente allein nicht die Richtschnur für ein heutiges Nachdenken über Kirche sein. Während es empirisch unbestreitbar scheint, dass es in der Geschichte der Kirche und des Christentums überhaupt immer zu Wechselwirkungen zwischen den moralischen Lernprozessen einer

Kultur und den Lehren der Kirche kam, muss diese Tatsache noch viel mehr ins Selbstverständnis der Kirche eindringen, wenn sie von der Welt, in der sie sich befindet, ernsthaft lernen will.

Zur Klärung des normativen Bezugsrahmens gehe ich deshalb statt auf das Konzil der 1960er Jahre oder, wie es für Protestanten naheliegen dürfte, auf die Reformation (mit ihrer Vielfalt von Vorstellungen) auf das Glaubensbekenntnis von Nicäa aus dem Jahr 325 und seine Bestimmung der Kirche als »una sancta catholica et apostolica« zurück. Dieses stellt einen gemeinsamen Bezugspunkt für (fast) alle Christen dar. Natürlich ist mit diesem Bezug keine Aufforderung zu einem Zurück in eine weit entfernte Epoche gemeint. Ich glaube aber, dass alle vier Bestandteile dieser Bestimmung, recht verstanden, weiterhin stärkste Orientierungskraft enthalten.

Mit der Bestimmung »una«, die eine, hat die Kirche, lange bevor die Menschheit überhaupt ein geographisch korrektes Wissen über den Globus und hinreichende Kenntnis von der enormen Vielfalt der Kulturen und politischen Ordnungen auf der Welt erreicht hatte, die Vision entwickelt, dass alle Menschen oder Menschen jedweden Hintergrunds in *einem* Geist vereinigt werden könnten. Diese Einheit ist aber – darauf hat etwa Kardinal Lehmann hingewiesen[8] – nicht *nur* eine Vision, sondern immer *auch* schon Wirklichkeit, wenn Christen in verschiedenen Ländern und Erdteilen oder verschiedenen Milieus und trotz allem, was sie real oder potentiell voneinander trennt, in Jesus Christus, seinem Wort und seinem Wirken, einen gemeinsamen Orientierungspunkt gefunden haben. Einheit darf hier selbstverständlich nicht Uniformität bedeuten; im Gegenteil bedrohen Versuche, Uniformität zu erzwingen, nach aller Erfahrung die Einheit.

»Sancta«, die heilige, ist die zweite Bestimmung von Kirche. Im Unterschied zur Stilisierung ihrer selbst als einer »societas perfecta« im neunzehnten Jahrhundert betrachtet auch die katholische Kirche sich selbst heute nicht mehr selbstverständlich als eine Institution, die der sündhaften conditio humana entgehen könnte. Leicht ist ihr diese Erkenntnis im zwanzigsten Jahrhundert nicht gefallen. Dabei stellt sie durchaus die Wiederherstellung einer Auffassung dar, die bei den Kirchenvätern und im Mittelalter »unbefangen« gehegt wurde. Es war Karl Rahner, der schon lange vor dem Zweiten Vatikanischen Konzil die schlüssigste und mutigste Argumentation in dieser Richtung entwickelt hatte[9]. Er wehrte sich gegen eine Hypostasierung der Kirche, die diese in einer Weise denkt, als sei sie »fast so etwas wie eine selbständig existente ›Größe‹, die dem Volk Gottes als Lehrerin und Leiterin *gegenüber*steht«. Für ihn war klar, dass die Kirche, »wenn sie etwas Reales ist«, dann eben auch »wenn ihre Glieder Sünder sind und als Sünder Glieder bleiben, eben selbst sündig«[10] sei. Diese »erschütternde Wahrheit« wird aber immer wieder, auch von höchster Stelle, beiseitegeschoben.

Protestanten sagt man, was ihr Kirchenverständnis betrifft, damit ohnehin nichts Neues. »Die Realität der Sünde ist geblieben auch in der Gemeinde Gottes, so auch die communio peccatorum«, schrieb Dietrich Bonhoeffer in seiner Doktorarbeit[11], die sanctorum communio macht entsprechend nichts von dem »über die peccatorum communio Gesagte(n) gegenstandslos«. Nicht nur sind und bleiben alle Menschen als Individuen Sünder, auch alle Mitglieder des Klerus, auch der Papst, sondern auch die Institution Kirche. Sie kann zwar Heiligkeit als Ansporn verstehen, ist aber ständig in der Gefahr dessen, was ich *Selbstsakralisierung* nenne, sich also bereits in ihrer gegenwärtigen Gestalt für heilig zu erklären. Damit meine ich eine Gefahr, der alle menschlichen Institutionen ausgesetzt sind, eben auch die Kirche. Die Idee einer »Kirchenräson« in Analogie zur »Staatsräson«, die offensichtlich am Werk war, als Fälle sexuellen Missbrauchs durch Priester von der Kirche ohne schlechtes Gewissen vertuscht wurden, hindert eben die Institution daran, auf sich selbst dieselben hohen moralischen Standards anzuwenden, die sie auf andere anwendet. Wie schon die Analogie mit der Staatsräson zeigt und erst recht die Selbstsakralisierung ganzer Völker als auserwählt[12], ist die Gefahr der Selbstsakralisierung der Kirche nicht nur beim spezifisch katholischen, stark institutionellen Kirchenverständnis gegeben. Aus dieser Selbstsakralisierung zu einem »Haus voll Glorie«, wie es in dem bekannten katholischen Kirchenlied heißt, folgt auch die Verführung zu einer triumphalistischen Selbstdarstellung von Kirche in der Öffentlichkeit.

»Una sancta catholica et apostolica.« Die Katholizität als dritte Bestimmung meint nicht die entsprechende Konfession, sondern den Impuls zur Überschreitung aller kulturellen und nationalen Partikularismen, ohne dabei in die Richtung eines rationalen Universalismus zu gehen. Sie zielt auf den Respekt vor kultureller Vielfalt und drückt die Hoffnung auf eine Durchdringung aller dieser vielfältigen Kulturen mit der christlichen Heilsbotschaft aus. Es geht also – in zeitgenössischer Sprache – um einen Universalismus, der sich nicht von der notwendigen inhärenten Partikularität jeder Kultur abzukoppeln trachtet, indem er alle vorhandenen Traditionen des moralischen Universalismus durch einen einzigen zu verdrängen versucht.

Und »apostolisch« schließlich bezieht sich nicht nur zurück auf die Tradition der Apostel Jesu, sondern zielt auch in die Zukunft, nämlich auf die Fortsetzung des Missionswerks Christi. Darin liegt ein Gegenbegriff zu einer anderen Gefahr von Kirche neben der der Selbstsakralisierung. Wiederum in einem heutigen Theorie-Idiom gesagt, ist das die Gefahr der *Selbstreferentialität*, der Orientierung an denen, die schon Christen oder Kirchenmitglieder sind, und nicht an denen, denen die Botschaft erst noch gebracht oder verständlich gemacht werden soll. Das Missionarische kann heute freilich nicht mehr im Sinne einer einfachen Rekrutierung neuer Kirchenmitglieder oder als Bekämpfung anderer Wahrheitsansprüche gedacht werden. Es muss vom Respekt für die Erfahrungen und Erfahrungsdeutungen anderer getragen sein und dem Ideal der Verständigung entsprechen. Schon Anfang des zwanzigsten Jahrhunderts gab es Stimmen, die deshalb den Verzicht auf den belasteten Begriff der Mission im Umgang mit Andersgläubigen empfahlen[13]. Heute ist auch im Umgang mit

Nichtgläubigen den Gläubigen eine ausschließlich dialogische Haltung anzuraten.

Auf eine kurze Formel gebracht, ist der normative Bezugsrahmen meiner Überlegungen also eine Kirche, die ganz wesentlich (in diesem dialogischen Sinne) missionarisch ist, in ihrem Selbstbild nicht triumphalistisch, und die auf einen konkreten Universalismus zielt und nicht auf einen abstrakten rationalen oder philosophischen, als müsste eine bestimmte Philosophie wie die Kants allgemeinverbindlich gemacht werden.

Der Glaube in einer Welt der Optionen[14]

Nun zur religiösen Situation der Gegenwart. Einer der zentralen Begriffe für eine angemessene Beschreibung der religiösen Situation der Gegenwart scheint mir der der *Option* zu sein. Bei der Verwendung dieses Begriffs stütze ich mich auf zwei große Religionsdenker, einen gegenwärtigen und einen aus der Zeit vor einhundert Jahren: Die Rede ist von Charles Taylor und William James. Als wichtigste Leistung von Charles Taylor und seines monumentalen Werks »Ein säkulares Zeitalter« empfinde ich es, dass er darin den Aufstieg der sogenannten säkularen Option erforscht und dargestellt hat.[15] Er konzentriert sich dabei auf das achtzehnte Jahrhundert, bezieht aber auch die Vorgeschichte dieses Aufstiegs, die weitere Durchsetzung und den langfristigen Einfluss mit ein. Taylor arbeitet in aller Deutlichkeit heraus, dass dieser Aufstieg der säkularen Option auch die Bedingungen des Glaubens fundamental verändert. Seit dieser epochalen Veränderung müssen Gläubige nämlich ihren Glauben, etwa den christlichen, nicht mehr vornehmlich als einen besonderen gegenüber anderen Konfessionen oder Religionen rechtfertigen, sondern als solchen. Sie werden gefragt, warum sie überhaupt gläubig sind und nicht vielmehr die »säkulare Option« wählen, eine Option, die zuerst nur als legitime Möglichkeit auftrat und dann, wie ich behaupte, in einzelnen Ländern und Milieus zunehmend zur Regel, d. h. »normalisiert«[16] wurde. Natürlich darf der Aufstieg der säkularen Option als solcher nicht als Ursache späterer Säkularisierungsprozesse verstanden werden. Er schuf nur die Möglichkeit für diese, erklärt selbst aber nicht, warum diese Möglichkeit von Menschen auch wahrgenommen wurde und wird. Zunächst also besteht die Optionalität des Glaubens darin, dass es im Prinzip möglich geworden ist, in bewusster und öffentlich erkennbarer Weise nicht zu glauben.

Unter den Bedingungen eines wachsenden religiösen und weltanschaulichen Pluralismus verstärkt sich diese Optionalität noch. Ich möchte hier begriffliche Unterscheidungen einführen, die ursprünglich von William James in seinem einflussreichen Aufsatz »The Will to Believe« (»Der Wille zum Glauben«) von 1897 verwendet wurden.[17] Optionen, sagt James dort, können von ganz unterschiedlicher Art sein: living or dead/ forced or avoidable/ momentous or trivial. Die vorliegende deutsche Übersetzung spricht von lebendigen oder toten, unumgänglichen oder vermeidlichen, bedeutungsvollen oder unerheblichen Optionen. Als *echte* Option bezeichnet der große Denker des amerikanischen Pragmatismus und Begründer der Religionspsychologie nur diejenigen, die unumgänglich, lebendig und bedeutungsvoll sind. Ich beschränke mich hier auf das Moment der Lebendigkeit. »Lebendig ist eine Option dann, wenn es ihre beiden Hypothesen sind. Sage ich zu Ihnen: ›Seien Sie ein Theosoph oder ein Mohammedaner!‹, so ist das wahrscheinlich eine tote Option, da vermutlich keine der beiden Hypothesen für Sie lebendig ist. Sage ich dagegen: ›Seien Sie ein Agnostiker oder ein Christ!‹, so liegen die Verhältnisse anders: bei Ihrer Vorbildung appelliert jede der beiden Hypothesen an Ihren Glauben, wenn auch noch so leise.«

Ich halte diese Unterscheidung für äußerst wichtig, wenn wir das verstehen wollen, was ich »echten Pluralismus« nenne. Damit meine ich, dass es sich nicht um *echten* religiösen Pluralismus handelt, wenn z. B. wie heute in vielen europäischen Gesellschaften eine muslimische Minderheit mit einer christlichen oder agnostischen Mehrheit zusammenlebt, sich die Mehrheit aber ebenso wenig zum Islam hingezogen fühlt wie die Minderheit zu den religiösen oder säkularen Anschauungen der Mehrheit. Auch in der Vergangenheit gab es viele Fälle einer solchen bloßen Koexistenz verschiedener Glaubensrichtungen, und diese sind klar zu unterscheiden von den Fällen, in denen sich die einen wenigstens vorstellen können, zum Glauben der anderen überzugehen. Das genaue Ausmaß, in dem wir in unterschiedlichen Ländern oder Milieus in der Tat von echtem Pluralismus und Optionalität sprechen können, kann selbstverständlich nur empirisch festgestellt werden. Aber ich halte es bei unserem gegenwärtigen Wissensstand für gesichert, dass im heutigen Europa die meisten Christen ständig mit der Option einer anderen christlichen Konfession und säkularer Weltanschauungen konfrontiert sind und wir insofern *echten* Pluralismus erleben.

In den traditionell bikonfessionellen Gesellschaften Mitteleuropas wie Deutschland, den Niederlanden und der Schweiz, das kommt hinzu, fand in den letzten Jahrzehnten nicht nur eine Schrumpfung der festgefügten konfessionellen Milieus statt, sondern es gibt auch Anzeichen für ein sich herausbildendes überkonfessionell christliches Milieu. Die institutionellen Unterschiede und Abgrenzungen der christlichen Kirchen bilden sich jedenfalls nicht mehr in einer entsprechenden Unterscheidung und Abgrenzung von Familien, Freundschaftsnetzwerken und soziokulturellen Milieus ab. Die eigene Konfession wird damit viel mehr als in der Vergangenheit im Licht einer verständlich gewordenen anderen christlichen Konfession und das heißt als echte Option erlebt.

In den USA gibt es ähnliche Entwicklungen. Dort interessieren sich viele Gläubige immer weniger für die theologischen Differenzen zwischen den verschiedenen Richtungen des Protestantismus. Es erweisen sich vielmehr die politischen und moralischen Affinitäten der Individuen zu bestimmten religiösen Gemeinschaften als ausschlaggebend für ihre Zugehörigkeit. Auch dort sind also lange Zeit als religiös definierte Milieus aufgebrochen worden.[18] Mehr als die Hälfte der neu geschlossenen Ehen ist »interfaith«.[19] Die religiöse Landkarte der USA ändert sich auch deshalb ständig, weil immer neue christliche Kirchen entstehen, die überhaupt keiner der historischen Denominationen eindeutig zugeordnet werden können.

Die Bedeutung von »Optionalität« ist im Übrigen nicht auf das Gebiet der Religion beschränkt[20]. Aus vielen soziologischen Analysen geht hervor, dass Menschen heute oft auch ihre wichtigsten sozialen Beziehungen als optional empfinden: Liebe, Familie, aber auch Beruf und politische Zugehörigkeit. Dies kann natürlich auch zu einer Überforderung durch die Zunahme von Optionen, zu Orientierungskrisen und aggressiver Optionsvernichtung führen. Es gibt aber auch die Möglichkeit, die Orientierungen an die gestiegene Kontingenz anzupassen. Ein Beispiel: Wenn sich feste Geschlechts- und Altersrollen auflösen, dann nimmt der Bedarf an Koordination und Diskussion zu; die Individuen müssen dann sensibler werden für den Charakter gegebener Situationen und für die Bedürfnisse anderer. Von der Institution zur »companionship« – so hieß das bei Ernest Burgess, einem Chicagoer Familiensoziologen, schon 1945.[21] Der Verlust an »statischer« Stabilität kann durch eine höhere, nämlich »dynamische« Stabilität kompensiert werden.

Wir leben heute aber auch noch in einem anderen Sinn in einer Welt der Optionen. Ich spreche von den Folgen dessen, was üblicherweise als Globalisierung bezeichnet wird. Vielleicht der wichtigste soziologische Trend in Sachen Christentum in unserer Zeit ist seine enorme Globalisierung. Seriöse Beobachter – wie der britisch-amerikanische Historiker Philip Jenkins[22] – sprechen von unserer Zeit nicht so sehr unter der Überschrift der Säkularisierung, sondern von einer der größten Expansionsphasen des Christentums in der Geschichte. Teilweise hat die Zunahme der Zahl der Christen im Weltmaßstab schlicht demographische Gründe, d. h., sie geht auf starkes Bevölkerungswachstum in einigen christlichen Ländern zurück. Aber das ist nicht die ganze Geschichte. Es gibt auch beeindruckende Entwicklungen des massenhaften Übertritts zum Christentum in Afrika, aber auch in Südkorea und Teilen Chinas. Durch Migrationsprozesse und eine fundamentale geographische Machtverschiebung außerhalb der Kirchen und in ihnen wird dies eher früher als später auch die Christen in Europa und Nordamerika in vielfältiger Weise betreffen.

Alle diese Prozesse haben auch enorme intellektuelle, darunter theologische Implikationen. Einer der ersten, die dies begriffen, war wiederum Karl Rahner. In einem Rückblick von 1979 auf das Zweite Vatikanische Konzil[23] erkannte der große katholische Theologe, der beim Entwurf vieler Konzilsdokumente stark beteiligt gewesen war, dass dieses Konzil einen »qualitativen Sprung« auf dem Weg der katholischen Kirche zu einer wirklichen Weltkirche darstellte. Was sie immer schon in potentia gewesen sei, werde sie nun in actu. Einer der Gründe, warum das Konzil zu einer Erfahrung kollektiver Efferveszenz wurde, scheint in der Intensität der Begegnung von Bischöfen und Theologen aus aller Welt gelegen zu haben. Rahner sah dies als den Beginn – und lediglich den Beginn – einer völlig neuen Epoche der Kirchengeschichte, für ihn nur vergleichbar mit »der radikalen Neuschöpfung«[24] des heiligen Paulus, als er die Grenzen einer jüdischen Sekte überschritt und die Christengemeinschaft zum Magneten für alle Völker der mittelmeerischen Welt seiner Zeit machte. Mehr vielleicht, als sogar Rahner antizipiert hatte, führt diese Entwicklung zu einer neuen Konstellation eines »echten Pluralismus« in großen Teilen der Welt heute. Das Christentum wird in unserer Zeit zu einer lebendigen Option für Menschen, für die es bisher entweder gar nicht verfügbar war oder befleckt von Missständen in den missionarischen Aktivitäten der Kolonialmächte. Doch bleiben zumindest für die Christen in Asien auch die alten intellektuellen und religiösen Traditionen ihrer eigenen Kulturen eine lebendige Option. In den Worten des in Cambridge lehrenden Kirchenhistorikers und Asienexperten David Thompson[25]: »Die asiatischen Christen versuchen deshalb, alle Weltreligionen als in irgendeiner Weise Ausdrucksformen göttlicher Selbstoffenbarung zu verstehen. In dieser Hinsicht stellten sie Fragen, die denen westlicher Missionare ähneln. Unvermeidlich führt dies zu Fragen der Christologie. (...) Vergleiche zwischen Jesus und Krishna oder Buddha scheinen auf einen Verzicht auf den christlichen Anspruch hinauszulaufen, dass Gott sich einzig in Jesus Christus offenbart habe. Dies wiederum stellt die Frage, ob das Christentum verzerrt wurde, als es seinen Ausdruck in der hellenischen Kultur suchte.« Das sind keine neuen Fragen, aber sie werden jetzt in nicht-europäischen Kontexten und auf neue, herausfordernde Weise gestellt.

Die beiden hauptsächlichen neuen Konstellationen von Optionalität, die ich hier skizziert habe: die Konfrontation des christlichen Glaubens mit der weitverbreiteten Religionslosigkeit in Europa und wenigen außereuropäischen Ländern einerseits, mit asiatischen und afrikanischen kulturellen und religiösen Traditionen auf anderen Kontinenten andererseits, werden beide an der modernen Stadt und in den Tendenzen fortschreitender Verstädterung der Welt in dramatischer Weise anschaulich. Die frühe europäische Stadtsoziologie, etwa bei Georg Simmel, hat schon um 1900 die Vielzahl überraschender Begegnungen und plötzlicher Nähe zu unbekannten anderen als typisch für die Erfahrung der Großstadt herausgearbeitet. Paradigmatisch hatte Charles Baudelaire dieser Erfahrung in seinem Gedicht »À une passante« (»An eine, die vorüberging«) Ausdruck gegeben: ein momentaner Augenkontakt, der die subjektive Evidenz auslöst »Dich hätte ich geliebt, und du hast es gewusst«. Viel produktiver war es, aus dieser gestiegenen Kontingenz der Begegnungen auf die Entstehung neuer Verhaltens- und Gemeinschaftsformen zu schließen, als die Großstadt ausschließlich unter dem Gesichtspunkt der Anonymität zu denken. Die Annahme, dass die Stadt als solche säkularisierende Wirkungen habe, beruhte auf falschen Vorstellungen über die Stadt und über den Glauben[26]. Die Stadt ist nicht der Ort entwurzelter bloßer Individuen, und der Glaube lässt sich keineswegs nur unter Bedingungen stabiler homogener Milieus leben und weitergeben. Die Säkularisierung in europäischen Großstädten des neunzehnten Jahrhunderts hatte ihre Ursache nicht in der städtischen Lebensform als solcher, sondern in einer großenteils politisch bedingten Entfremdung von Kirchen und städtischer Bevölkerung; diese Entwicklung wiederholte sich in Nordamerika nicht, und in den heutigen Megacities werden Kirchen und Religionsgemeinschaften umgekehrt zu wesentlichen Formen der Sozialintegration für die neu Zugewanderten.

In diesen Städten aber ist auch der ständige

Kontakt zu Menschen anderer religiöser Prägung und Orientierung unvermeidlich, weshalb auch die andere Form der Optionalität des Glaubens hier von zentraler Bedeutung ist. Mehrere empirische Studien belegen heute für US-Großstadtregionen wie Los Angeles und Boston, dass die Präsenz von zahlreichen einwanderergeprägten christlichen Gemeinden die Gottesdienstpraxis und die theologischen Redeweisen transformiert, weil Elemente integriert werden, die nicht aus europäischen Traditionen stammen[27]. Auch nicht-christliche Gemeinschaften in den USA werden häufig multi-ethnischer als in den Herkunftsländern, übernehmen die Form der Kongregation und besinnen sich neu auf ihre theologischen Grundlagen. Die angebliche Wende zu Werten wie expressiver Selbstverwirklichung erweist sich als weniger repräsentativ als bisher gedacht, wenn die Einwanderer von ihnen nicht ergriffen werden.

Die beiden Formen von Optionalität, das zeigt sich hier anschaulich, haben eine schlagende Ähnlichkeit. Beide unterminieren die

Fusion des christlichen Glaubens mit partikularen europäischen kulturellen Traditionen. Wesentlich wird dadurch die Frage, was dies für eine zeitgenössische Neuartikulation des christlichen Glaubens bedeutet. Alle Theologien, die diese Herausforderungen nicht ernst nehmen, erscheinen mir als obsolet. Wir brauchen in dem Sinn eine neue Sprache für das Christentum, als diese durchdrungen sein muss von einem Verständnis für die Leistungen säkularer Weltanschauungen einerseits, einem tiefen Verständnis nicht-europäischer Kulturen andererseits. Wir sehen uns dabei aufgefordert, in den Worten des langjährigen Erfurter katholischen Bischofs Joachim Wanke, den Glauben zu »elementarisieren«, den Gedanken einer Hierarchie der Wahrheiten im christlichen Glauben sehr ernst zu nehmen[28].

Die Kirche und die Frage der sozialen Organisation der Gläubigen

Zu den intellektuellen Herausforderungen, vor die sich das Christentum in einer Welt der Optionen im beschriebenen Sinn gestellt sieht, gehört die Formulierung eines angemessenen Verständnisses von Kirche. In meinem Buch »Glaube als Option« habe ich diese Herausforderung unter der Überschrift »Spiritualität« behandelt[29]; damit wollte ich der Tatsache Rechnung tragen, dass viele Zeitgenossen Wert auf die Feststellung legen, sie hätten sehr wohl »spirituelle« Bedürfnisse und Erfahrungen, deshalb aber keineswegs sich näher zu den Kirchen hingezogen fühlen. Da sie annehmen, dass Spiritualität etwas sei, das sich rein individuell und ohne Institutionen entwickeln lasse, sehen sie die Kirche eher als Hindernis auf dem Weg ihrer Persönlichkeitsentfaltung, auch in spiritueller Hinsicht. Diesen Menschen hilft es nicht, wenn ihnen Kirche als »Quasi-Staat« oder als »Kultverein« gegenübertritt. Diese beiden irreführenden Bilder, die die Kirchen manchmal von sich selbst vermitteln, müssen zunächst aus dem Weg geräumt werden.

— Auf der katholischen Seite stellt immer noch ein autoritär-hierarchisches und übermäßig zentralistisches Verständnis von Kirche die große Gefahr dar, weil die Veränderungen im Selbstverständnis der Kirche, die das Konzil in den 1960er Jahren proklamierte, wie bereits gesagt, kaum in strukturelle Reformen umgesetzt wurden. Wie es schon ein Irrweg gewesen war, den Glauben als Gehorsam gegenüber den Lehren der Kirche aufzufassen und nicht als überzeugende Artikulation von Erfahrungen, so wird dieser Irrweg noch weiter beschritten, wenn diese Gehorsamserwartung auch noch verrechtlicht wird. Dies ist so, weil die Menschen im Unterschied zum Staat beim Quasi-Staat Kirche immer auch die Option des Austritts haben[30]. Als Quasi-Staat ist die Kirche dann auch noch defizitär im Vergleich mit allen

Rechtsstaaten: intransparent, bürokratisch-umständlich, ohne eingebauten Schutz subjektiver Rechte, ohne eingebaute Mechanismen organisatorischer Selbstreform.

Auf protestantischer Seite gibt es die spiegelverkehrte Gefahr der Reduktion von Kirche auf einen »Kultverein«, wie der polemische Ausdruck des protestantischen Theologen Ernst Troeltsch lautete, mit dem er 1910 in einem Vorblick auf die »Zukunftsmöglichkeiten des Christentums« eine zunehmende individualistische Unfähigkeit charakterisieren wollte, Kirche zu verstehen. Ein »Kultverein« wäre ein bloßer Zusammenschluss von Individuen zur gemeinsamen Durchführung von Ritualen, der aber jeden überpersönlichen Charakters entbehrte. Die Betonung der Autonomie der Person und ihres Gewissens dürfe aber doch nicht, so Troeltsch, zu radikaler Traditionslosigkeit und bloßem Verlass auf Spontaneität führen. Selbstgebastelte Weltbilder und Praktiken träten in diesem Fall an die Stelle der »lebendigen persönlichen Aneignung und Fortbildung«, der »Durcharbeitung und Verinnerlichung der historischen Mächte«[31]. Boshafte Beobachter würden wohl davon sprechen, dass in beiden Kirchen in Deutschland beide Gefahren präsent sind: quasi-staatliche Organisationsstrukturen einerseits und kultvereinsartige Ritualpraktiken andererseits.

Gegen beide Gefahren hilft nur eine Besinnung darauf, was Kirche eigentlich ist und sein könnte, eine Besinnung, die nichts vom Ideal verschenkt, aber doch illusionslos-realistisch gegenüber der sozialen Wirklichkeit ist. Wo das Ideal mit der Wirklichkeit gleichgesetzt wird, herrscht natürlich Scheu vor dem sozialwissenschaftlichen Blick auf sich selbst; dann gehört durchaus Mut dazu, auf katholischer Seite die Sozialwissenschaften überhaupt heranzuziehen, um »Selbsttäuschungen der Kirche abzubauen und geschichtlich Gewordenes nicht für ewig Gültiges zu halten«[32]. Was den deutschen Protestantismus betrifft, hat Friedrich Wilhelm Graf die interessante Beobachtung geäußert, dass es »die Entstehung des landesherrlichen Kirchenregiments und die enge Verwobenheit der protestantischen

Landeskirchen in die feudal-ständische Herr-schaftsordnung« waren, die »die Dogmatiker der alt-protestantischen Orthodoxie« daran hinderten, eine »eigene Theorie der Sozialge-stalt der Kirche« zu entwickeln[33]. Erst durch die Auflösung dieser Ordnung und der konfes-sionell homogenen Territorien seit 1800 wurde »die Sozialgestalt der Kirche zum theologischen Thema«[34]; vor allem in der zweiten Hälfte des neunzehnten Jahrhunderts nahmen die Bemü-hungen zu, dabei auch soziologische Einsichten in die Kirchengeschichtsschreibung und theo-logische Reflexion zu integrieren[35]. Max We-bers berühmte begriffliche Unterscheidung von Kirche und Sekte oder Ernst Troeltschs erwei-terte Typologie, die auch den Typus »Mystik« oder individuelle »Spiritualität« einbezieht, gehen auf diesen Diskurs zurück[36]. In der heu-tigen Lage, wie ich sie beschrieben habe, sind ihre Beiträge in globaler Perspektive und in Hinsicht auf die verstärkte Konfrontation mit säkularen Denkformen neu zu durchdenken.

Das heißt zunächst einmal, dass wir die Gemeinsamkeit der sozialen Organisationsprobleme des Christentums mit den anderen universalistischen Idealbildungen seit der sogenannten Achsenzeit[37] in den Blick nehmen müssen. In alle Religionen und Philosophien, die einen Begriff von Menschheit haben und nicht das Wohl des eigenen Volkes oder Staates oder der eigenen Religionsgemeinschaft zum obersten Bezugspunkt nehmen, sondern darüber hinaus an alle Menschen zu denken gebieten, ist ein utopisches Potential eingeschrieben; sie können sich alle deshalb nicht einfach in die gegebenen sozialen und politischen Ordnungen einfügen, weil sie ja in irgendeiner Weise der organisatorischen Aufdauerstellung zumindest der Verkündigung dieses Ideals bedürfen. In irgendeiner Weise muss das historisch neue Ideal tradiert, müssen seine Anhänger beschützt werden in einem Binnenraum, der sich von der »sanften Gewalt« etablierter Ordnungen unterscheidet und der gegenüber der nicht so sanften Gewalt direkter Verfolgungen Schutz bietet. Der amerikanische Religionssoziologe Robert Bellah, der den wichtigsten Beitrag zur Erforschung der

Achsenzeit überhaupt vorlegte, hat in diesem Sinne die Entstehung griechischer und chinesischer Philosophenschulen gedeutet oder die buddhistische Erfindung des Mönchtums[38]. Dies sind alles andere Institutionen als die »Kirche«, aber sie ergeben einen Kontext, um staunend auf eine institutionelle Kreation des Christentums zu blicken. »Das Überraschende: dass Kirche überhaupt ist und nicht vielmehr nicht ist.«[39] Gewiss hatten existierende Organisationsformen wie die Netzwerke jüdischer Synagogen Einfluss auf diese Neuentstehung. Aber es entstand eine weder an eine Ethnie noch an einen Staat gebundene Form von Religionsgemeinschaft. Man sollte deshalb eine Religionsgemeinschaft, die mit einem Stamm oder Staat zusammenfällt, nicht ebenfalls eine Kirche nennen[40]. Ich glaube, Weber und vor allem Troeltsch hatten begriffen, dass Ideale, etwa das christliche Liebesethos, nicht aus sich heraus Institutionen produzieren, sondern dass es Menschen sind, die angesichts der Schwierigkeiten, ihre Ideale zu verwirklichen, für sie plausible Institutionen schaffen, die dann selbst

Wirkung auf die Weitergabe der Ideale und die Möglichkeiten ihrer Verwirklichung entfalten. Ich lese dementsprechend die erwähnte Typologie von sozialen Organisationsformen des Christentums nicht einfach als einen Klassifikationsversuch, als ginge es nur darum, begriffliche Ordnung in ein großes Datenmaterial zu bringen. Es geht vielmehr um die innere Logik, die bei der Entstehung neuer Organisationstypen in all ihrer Unwahrscheinlichkeit am Werke ist und an die wir uns erinnern müssen, wenn wir wollen, dass Kirche sich aus ihrem Ursprung heraus erneuert. Von den Errungenschaften einer Analyse, die davon gekennzeichnet ist, dass auf den status nascendi von Idealen und Institutionen methodisch zurückgegangen wird, nenne ich an dieser Stelle nur zwei: Pluralismus und eigene Wirkungskraft von Organisation.

Der Pluralismus besteht darin, die Vielfalt sozialer Organisationsformen des Christentums vorurteilslos wahrzunehmen und als Reichtum zu sehen, statt durch rasche Wertung eine einzige Linie durch die Geschichte zu legen. Es ist nötig, Sekten und spiritualistische Gemeinschaftsbildungen nicht als Abweichler von der Kirche zu denunzieren oder, umgekehrt, die Kirche(n) als solche nicht, wie es vom Standpunkt der Sekten oder der Mystik aus geschehen kann, als per se korrupt, dekadent oder autoritär zu verdammen. Jede der drei Organisationsformen hat ihre eigenen Gefahren und Schattenseiten. »Wo das Christentum sich in kirchlichen Zwangsformen, in der sektenhaften Selbstabschließung oder in mystischer Unbestimmtheit realisiert, bleibt der christliche Glaube hinter seinem Ursprung, dem Evangelium, zurück und verkürzt den unbegrenzten in einem begrenzten Individualismus, den absoluten in einem relativierten Universalismus«[41]. Man sollte die drei genannten Haupttypen auch nicht für die einzigen halten. Es gibt Sonderformen (wie die sich an militärische Organisationsformen anlehnende »Heilsarmee«), Mischformen wie das Mönchtum, das Mystik und freiwillige Organisation verknüpft, und Neuentwicklungen wie die amerikanischen Denominationen[42].

Es gilt auch, von jeder historischen Teleologie hin zur ausschließlichen Geltung einer dieser Organisationsformen Abstand zu nehmen. Die historische Entwicklung wird hier immer in Gegensätzen verlaufen. Gegen »Kirchen«, die sich bestehenden Ordnungen einpassen, wird immer wieder der Radikalismus des Evangeliums neu zur Geltung gebracht werden und in Formen organisiert, für die »persönliche Religiosität und ethische Leistung« (Troeltsch) entscheidender sind als in den Kirchen. Auch auf den heutigen häufig »organisationslosen religiösen Individualismus« weisen manche historische Vorläufer schon voraus; deren Anhänger finden aber immer wieder auch den Weg zu Kirche oder Sekte, je nach Gesellschaft freilich in sehr unterschiedlichem Maß. Die soziale Organisation der Christen bleibt in ihrer konkreten Gestalt historisch abhängig von der Geschichte, mithin historisch kontingent[43].

Die verschiedenen Organisationstypen sind – das ist der zweite wichtige Gesichtspunkt – nicht einfach neutrale »Transmissionsriemen« für das christliche Ideal, sondern haben ihre je eigene

Wirkungsmacht. Für Massenkirchen sind vielfältige praktische Kompromisse immer unausweichlich. Gerade deshalb aber neigen Kirchen häufig zur klaren Durchsystematisierung ihrer Lehre und zur praktischen Disziplinierung der Mitglieder im Sinne dieser Doktrin. Sekten wiederum verfügen häufig über ein intensiveres religiöses Binnenleben als Kirchen, tendieren aber auch zu einer Dynamik der Spaltungen. Eschatologische Erwartungen bleiben in ihnen virulenter als in den Kirchen. Wenn die Christen ein in diesem Sinn soziologisch aufgeklärtes Selbstverständnis ihrer Organisationsformen entwickeln, dann erleichtert dies nicht nur den toleranten und lernbereiten Umgang miteinander, sondern eröffnet auch die Perspektive einer Verknüpfung von Organisationsformen. Diese ist sicherlich immer schon faktisch in Gang. Papst Franziskus scheint mir sehr bewusst im Rahmen der großen Institution Kirche seine Macht in paradox erscheinender Weise einzusetzen zur Kritik übermäßiger Machtkonzentration und des falschen selbstbezogenen Stolzes im Klerus.

In einer Welt, die von einer Vielfalt von Optionen gekennzeichnet ist, ist die Idee Ernst Troeltschs, es gehe jetzt darum, die sozialen Organisationsformen des Christentums, also Kirche, Sekte und Mystik, miteinander zu verknüpfen, besonders zukunftsreich. Der moralische Universalismus des Christentums verlangt in der Tat nach einer Weltkirche. Wenn die Tage des reinen Kirchentypus aber in unserer Kultur tatsächlich gezählt sind[44], dann muss eine Weltkirche das, was die protestantischen Kirchen und Gruppen mehr entwickelt haben als die katholische Kirche, nämlich vielfältige Möglichkeiten freiwilliger Selbstorganisation, in sich enthalten. Und diese organisatorischen Strukturen müssen so angelegt sein, dass die Kirchen erlebt werden können als Zugang zu einem reichen Schatz an Traditionen und Formen der Spiritualität und nicht als Alternative zu diesen.

Moralagentur Kirche?

Von der Kirche als Moralagentur der Gesellschaft war in diesen Überlegungen bisher keine Rede. Das ist nicht verwunderlich, da in dem, was ich normativ, zeitdiagnostisch und kirchenhistorisch zu entwickeln versucht habe, weder »Moral« noch »Agentur« im Vordergrund standen. Die Kirche, die ich zu beschreiben versuche, ist eine missionarische Kirche, begeistert von dem Glauben, der in ihr lebt, global orientiert, sich nicht in ihren Strukturen selbst sakralisierend, zu Kompromissen fähig, weil in ihrem Glauben über einen Kompass verfügend, lernend von anderen Christen, anderen religiösen Traditionen und von säkularen Universalisten.

Eine solche Kirche kann sich nicht als Moralagentur definieren, weil ihre Botschaft nicht vorrangig eine moralische ist und weil sie sich niemandem als Agentur anbietet. Mit Moral kann man schlecht missionieren, Mission muss von Begeisterung getragen sein und mit dieser Begeisterung anstecken. Zumindest in meiner Begriffssprache ist Moral restriktiv; sie schränkt uns in unseren Handlungsmöglichkeiten ein, verbietet uns bestimmte Ziele und Mittel; Religion dagegen ist attraktiv, »enabling«, sie vergrößert unsere Handlungsmöglichkeiten, indem sie uns überhaupt erst Wege und Erfahrungen eröffnet, die nicht schon immer gangbar waren[45]. Während wir uns den moralgeleiteten Menschen als einen Hochleistungsathleten vorstellen müssen – so frei nach William James –, der sich auf seinen Willen konzentriert, wird der religiöse oder überhaupt ein von Idealen geleiteter Mensch von einer Leidenschaft getragen. Natürlich kann solche Leidenschaft dann auch zur freudigen Erfüllung moralischer Pflichten motivieren, aber das macht sie nicht selbst zur Moral. Und die Formulierung »Agentur« verweist ja auf eine Bereitschaft, Aufträge anzunehmen und tätig zu werden für einen anderen, weil dieser es so will. Wessen Agentur aber könnten die Kirchen sein, wenn sie sich als Moralagenturen verstünden? Naheliegend wäre es, von Agenturen des Staates zu sprechen, aber seit dem Dritten Reich wollen beide Kirchen in Deutschland trotz aller Abhängigkeit von diesem nicht in den Verdacht zu großer Nähe zum Staat geraten. Obwohl sie deshalb von der »Gesellschaft« reden oder, wie Wolfgang Huber in seinem wichtigen Buch »Kirche in der Zeitenwende«[46], von der »Zivilgesellschaft«, habe ich den Verdacht, dass jede Selbstdeutung der Kirchen als zentral für den moralischen Zusammenhalt der Gesellschaft eine Rechtfertigungsformel für ihre Daseinsberechtigung und für staatliche Subventionierung sein soll. Ich denke, dass nur die spezifischen Bedingungen der Bundesrepublik Deutschland und ihres unverwechselbaren Staat-Kirchen-Arrangements eine solche Formel überhaupt nahelegen. Weder bei scharfer laizistischer Scheidung von Kirche und Staat (wie in Frankreich) noch bei vielfältigem und »echtem« religiösen Pluralismus (wie in den

USA) läge diese Bestimmung nahe. In ihr liegt die Formel für einen Deal, der institutionelle Anerkennung im Austausch gegen Selbstbeschränkung aufs Moralische bietet.

Mit dieser Konzentration auf Moral wird aber nicht nur der Eigencharakter des Religiösen verfehlt, sondern auch der des Politischen. Man könnte das die Falle der Gesinnungsethik nennen. Wer ausschließlich mit moralischen Argumenten in politische Debatten eingreift, wird hilflos oder arrogant erscheinen. Hilflos erscheint der, der Stellung nimmt, ohne der Komplexität eines Problems Rechnung zu tragen und ohne sich um die absehbaren Wirkungen einer aus moralischen Gründen befürworteten Politik zu kümmern. Arrogant wirkt, wer für die eigene politische Stellungnahme pauschal moralische Höherwertigkeit in Anspruch nimmt und nicht anerkennt, dass andere aus nicht weniger moralischen Impulsen heraus zu einer ganz anderen politischen Schlussfolgerung gelangen. Dies ist ein wichtiger Angriffspunkt der kirchenkritischen Polemik Friedrich Wilhelm Grafs; er spricht in seiner Aufzählung der sieben Untugenden der Kirchen in Deutschland von der Untugend des Moralismus und geißelt darin die »billige Trivialmoral« von Weihnachtspredigten, den (angeblichen) »Paternalismus« derer, die ethische Bedenken gegen eine Verfügung des Menschen über die Beendigung seines Lebens äußern und den (angeblichen) Ausschließlichkeitsanspruch eines gesinnungsethischen Pazifismus als christlich rechtfertigbarer Haltung in Margot Käßmanns Neujahrspredigt zum Bundeswehreinsatz in Afghanistan.

Wenn ich mit Graf im Widerwillen gegen bloße Gesinnungsethik übereinstimme und darin eine Falle für die Kirchen sehe, dann heißt dies freilich noch lange nicht, dass ich seinen Bewertungen im Einzelnen folge. Lassen wir die Qualität der Weihnachtspredigten dahingestellt. Gegen Sterbehilferegelungen kann man aber argumentieren, ohne bloßer Gesinnungsethiker zu sein, ebenso gegen den Bundeswehreinsatz in Afghanistan. Schon bei Max Weber, auf den die geläufige Unterscheidung von Gesinnungs- und Verantwortungsethik ja zurückgeht, wurde diese sinnvolle begriffliche Differenzierung, die danach unterscheidet, wie sehr die Voraussicht von Handlungsfolgen in die moralischen Überlegungen einbezogen wird, selbst polemisch eingesetzt, in seinem Fall zur Abwertung der Kriegsgegner während des Ersten Weltkriegs[47]. Hundert Jahre nach dieser »Urkatastrophe des zwanzigsten Jahrhunderts« (George Kennan) ist es nicht mehr so sicher, wer damals der Verantwortungsethiker war und wer sich über die Folgen seines Engagements zu wenig Gedanken machte. Graf wiederum neigt aus seinem Verständnis von Liberalismus und Bürgerlichkeit heraus zu erstaunlichen Abwertungen, etwa der Verteidiger des Sozialstaats und der Verfechter eines Kirchenverständnisses, das sich auch der Schattenseiten »des neuzeitlichen, aufgeklärten Subjektivitäts- und Autonomiedenkens« bewusst ist. Das geht so weit, dass er der Doktorarbeit Dietrich Bonhoeffers zur Soziologie der Kirche ein »tendenziell totalitäres Sozialkonzept« vorwirft[48].

Unter Christen ist ein großes Spektrum legitimer politischer Urteile möglich. Das ist im

Prinzip unstrittig und lässt sich an Fragen der Haltung zu sozialer Ungleichheit, zu Krieg und Frieden und zur Einwanderungspolitik leicht illustrieren. Obwohl ich persönlich ein Freund der Option für die Armen bin, ein Verteidiger gewaltfreier Konfliktlösung und ein Verfechter der Menschenrechte, weiß ich, dass deshalb nicht alle soziale Ungleichheit, jeder Militäreinsatz und alle Grenzkontrollen und Zuwanderungsbeschränkungen unchristlich sind. Dennoch besteht auf allen Seiten immer die Gefahr, in der politischen Auseinandersetzung unter Christen dem Kontrahenten die Christlichkeit abzusprechen. Ein Aufsatz des Bundesfinanzministers und protestantischen Christen Wolfgang Schäuble hat zu einer Kontroverse geführt, an der sich die Probleme eines moralbegründeten politischen Engagements der Kirchen instruktiv studieren lassen.

Eigentlich stellt Schäubles Text nur alte Argumente zusammen, die schon häufig gegen eine übermäßige Politisierung der (evangelischen) Kirche vorgetragen wurden[49]. Die einzige plausible Erklärung dafür, warum dieser

Text in der Öffentlichkeit stark wahrgenommen wurde und eine innerprotestantische Debatte auslöste, scheint mir in der eindeutigen und massiven Positionierung der Kirche in der Migrationskrise zu liegen. Ein Mitglied der Bundesregierung hat vermutlich keine großen Bedenken, wenn sich die Repräsentanten der Kirchen öffentlich für die Linie ebendieser Regierung einsetzen. Kircheninterne Kritiker der Politisierung, die ihre Einwände gegen diese jetzt offensiv vortrugen[50], hätten dies vermutlich nicht getan, wenn sie nicht auch die Regierungslinie selbst problematisch fänden. Ulrich Körtner hebt m. E. zu Recht hervor, dass der Staat »kein Individuum wie der Samariter im Gleichnis Jesu« sei. »Auch kann er nicht nur das Einzelschicksal in den Blick nehmen, sondern ist dem Gemeinwohl, dem Wohl aller, verpflichtet. Schon gar nicht lässt sich aus Lukas 10 die Forderung nach unbegrenzter Zuwanderung rechtfertigen oder gar das Recht von Flüchtlingen, in das Land ihrer Wahl zu reisen.« Er kritisiert den Gestus der moralischen Überlegenheit bei den Befürwortern einer liberalen Migrationspolitik

68

in Deutschland und Deutschlands insgesamt gegenüber anderen Mitgliedsstaaten der EU. Ursache dafür scheint ihm eine ungenügende Orientierung verantwortungsethischer Art. Johannes Fischer geht insofern noch weiter, als er den Verdacht äußert, dass die Repräsentanten der evangelischen Kirche die »spirituelle Auszehrung« ihrer Kirche und den daraus folgenden Bedeutungsverlust »durch Präsenz in den politischen und ethischen Debatten ... kompensieren wollen«. Der EKD-Ratsvorsitzende Heinrich Bedford-Strohm hat, ohne rechtes Verständnis für die Argumente seiner Kritiker zu zeigen, ihre Einwände als gegenstandslos zurückgewiesen[51]. Christian Albrecht räumt in einer kritischen Entgegnung auf Schäuble sehr wohl ein, dass »recht unmittelbare biblische Argumentationen, kurzschlüssige Folgerungen oder weltfremde Forderungen im predigtmoralisierenden Ton« den deutschen Protestantismus immer wieder politisch disqualifizieren.

Ich würde mich auf diese innerprotestantische Debatte nicht einlassen wollen, wenn in ihr nicht eine Frage von großer grundsätzlicher

Bedeutung verhandelt würde. In der katholischen Kirche und außerhalb Deutschlands verlaufen die Fronten ja oft ganz anders[52]. Amerikanische katholische Bischöfe etwa haben in der Regierungszeit von Präsident Obama teils schärfste Kritik geübt, vor der heraufziehenden Gefahr einer »säkularistischen Tyrannei« gewarnt oder den philosophischen Säkularismus zur »stärksten Gefahr für die demokratische Freiheit« erklärt. Der Kampf gegen Abtreibung und die Gleichstellung homosexueller Paare bestimmten die Agenda. Solche Töne hört man vom deutschen Protestantismus heute kaum. Auch der Tonfall der amerikanischen katholischen Bischöfe ist hochmoralisch, obwohl ihre politische Botschaft konträr zu der des deutschen Protestantismus ist. In der gegenwärtigen Debatte stellen sich aber nicht nur die traditionellen Fragen nach der Legitimation so starker moralischer Interventionen der Kirchen in den politischen Willensbildungsprozess demokratischer Gesellschaften. Sondern es geht auch um das richtige Verständnis des moralischen Universalismus des Christentums. Wenn sich

Kirchen als Moralagenturen einer Gesellschaft verstehen oder doch zumindest, auch wenn sie eine solche Definition zurückweisen würden, faktisch als solche gebärden, dann wird ihr Verständnis dessen, was die christliche Moral ausmacht, für eine Einschätzung ihrer Rolle von zentraler Bedeutung.

»Schaut auf den Einzelnen, es gibt gar nicht die Flüchtlingskrise, -massen, -schwemme, sondern immer nur Aishe und Ahmed.«[53] Das sagte Irmgard Schwaetzer, Präses der Synode der EKD, in ihrer Rede vor dem Zentralkomitee der deutschen Katholiken, die sie als konfessionsübergreifenden Appell an alle Christen verstand, »stets gegen Hartherzigkeit und Egoismus in der Öffentlichkeit vorzugehen«. Hier wird in seltener Unzweideutigkeit eine moralische Aufforderung zu individuellem caritativen Handeln derart hochgesteigert, dass es eine politische Problemlage gar nicht mehr zu geben scheint oder jeder Verweis auf eine solche als Minderung der Bereitschaft zu moralischem Handeln erscheinen muss. Es ist deshalb erstaunlich, dass diese

Äußerung von einer Person kommt, die den größten Teil ihres Erwachsenenlebens hohen politischen Ämtern gewidmet hat. Den radikalen Individualismus haben diese Redeweise und die politische Programmatik ihrer Partei, der FDP, gemeinsam, aber ansonsten dürfte es vielen schwerfallen, in der politischen Orientierung dieser »Partei der Besserverdienenden« das radikale Ethos des Evangeliums wiederzufinden. Ich sage dies nicht deshalb, weil ich verlangen würde, dass politische Parteien, auch solche, die sich ausdrücklich als christlich bezeichnen, dieses Ethos ungeschmälert verkörpern müssten. Ich möchte vielmehr auf die Selektivität aufmerksam machen, mit der dieses Ethos für politische Zwecke mobilisiert wird. Würde ein echter Glaube daran, dass es immer nur Einzelne gibt, nur »Aishe und Ahmed«, nicht auch bedeuten, jedes organisierte militärische Handeln abzulehnen? Lässt sich eine Kirche nach dieser Maßgabe überhaupt organisieren? Die Frage, die sich hier stellt, ist die, ob der Universalismus des christlichen Liebesgebots wirklich zu solch unpolitischen Folgerungen zwingt. Mir scheint das keineswegs der Fall zu sein.

In einer der bedeutendsten Schriften zur Spannung zwischen christlichem Ethos und konkreten sozialen Ordnungen und zu den Möglichkeiten, dieser Spannung in der individuellen und kollektiven Lebensführung gerecht zu werden, dem Buch »Christ and Culture«[54], hat der amerikanische protestantische Theologe H. Richard Niebuhr darauf hingewiesen, dass zwar für den christlichen Glauben alle Menschen dieselbe Würde und denselben Wert vor Gott haben, dass Menschen aber in Beziehungen leben, »relationale« Wesen sind, so dass sie für andere Menschen selbstverständlich unterschiedlichen Wert haben. »In Christ there is neither Jew nor Greek, bond nor free, male nor female; but in relation to other men a multitude of relative value considerations arise.« Er beruft sich auch auf Luthers Argument, dass ein Einzelner zwar auf den Widerstand gegen Gewalttäter verzichten könne, aber nicht, wenn er zugleich Beschützer anderer sei. Die größere Sünde sei es dann, aus dem individuellen Wunsch nach Heiligkeit heraus seiner Verantwortung für diese anderen nicht gerecht zu werden[55]. Hier stellen sich gewiss komplexe moralische Fragen, zu denen an dieser Stelle nichts Genaueres gesagt werden kann. Klar soll nur werden, dass ein relationales oder auch ein gemeinschaftsbezogenes, d. h. kommunitaristisches Verständnis des Individuums andere moralische Konsequenzen haben kann als ein pur individualistisches, das von den sozialen Beziehungen, Gemeinschaftsbindungen und Institutionen der Menschen absieht.

Denkt man sich die Menschen als notwendig in partikulare Beziehungen und Gemeinschaften eingebettet, dann folgt daraus, dass ihnen aus dieser Einbettung moralische Verpflichtungen erwachsen, die neben den Verpflichtungen bestehen, die sie gegenüber allen Menschen, auch den Fernstehenden, haben. Wir fühlen uns mit guten Gründen etwa unseren Kindern in besonderer Weise verpflichtet. Es wäre nicht moralisch besser von uns, dieses Verpflichtungsgefühl abzustreifen und – wie Mrs. Jellyby in Charles Dickens' Roman *Bleak House* als Verkörperung »teleskopischer Philanthropie« – unsere eigenen Kinder wegen unseres Engagements für die Kinder in Afrika zu vernachlässigen. Auch moralische Universalisten leben mit höchst partikularen Verpflichtungen, die nicht von geringerer moralischer Qualität sind als die Verpflichtungen, die unmittelbar aus dem moralischen Universalismus folgen. Eine Formel zur Verrechnung dieser Verpflichtungen oder zu einer Rangordnung von ihnen gibt es nicht und kann es nicht geben. Partikulare und universalistische Verpflichtungen bestehen in inkommensurabler Weise nebeneinander. Sie müssen gegeneinander ausbalanciert werden – sowohl in konkreten Lebensführungsentscheidungen von Individuen wie in demokratischen politischen Willensbildungsprozessen von Kollektiven.

Bezogen auf die Fragen der Einwanderungspolitik hat der amerikanische politische Philosoph Michael Walzer dargelegt, um die Auflösung welcher Dilemmata in konkreter Überlegung und Entscheidung es dabei geht[56]. Für ihn besteht kein Zweifel daran, dass Kollektive mit

Mitgliedschaftsregelungen und so auch Staaten mit Staatsangehörigkeitsrecht darüber bestimmen dürfen, wer von ihnen als Mitglied neu aufgenommen wird. Das heißt aber keineswegs, dass sie bei ihren Entscheidungen oder bei der Festlegung von Kriterien für die Neuaufnahme oder von quantitativen Regelungen völlig frei sind und keinen normativen Vorgaben unterlägen, die sich aus einer universalistischen Moral, aber eben auch aus partikularen Verpflichtungen ergeben. Aus der universalistischen Moral kann sich eine Verpflichtung zur Aufnahme von Menschen ergeben, die in besonders hohem Maße des Schutzes bedürfen; aus den partikularen Verpflichtungen können Regelungen zugunsten von Angehörigen der eigenen Ethnie (z. B. den Russlanddeutschen) oder den Vertretern von Werten, die für besonders verwandt gehalten werden (verfolgter Christen oder demokratischer Aktivisten), folgen.

Im Anschluss an das Buch Walzers hat sich eine intensive Diskussion über weitere solcher normativen Verpflichtungen entwickelt. In seinem Vorschlag einer Theorie der »konstitutiven Gerechtigkeit«, d. h. einer Klärung, was Gerechtigkeit bei der Konstitution von Kollektiven bedeutet, zählt William Barbieri[57], die Ergebnisse dieser Debatte zusammenfassend, zehn solche Kriterien auf. Eingegangene internationale Verpflichtungen gehören ebenso dazu wie wechselseitige Hilfsversprechen. Erneut kommt es an dieser Stelle nicht auf die Details der normativen Überlegungen an, sondern nur auf das Grundsätzliche. Dieses liegt darin, dass das großartige universalistische Liebesethos des Evangeliums, wenn es über seinen grundsätzlich unpolitischen Charakter hinaus zum Maßstab politischen Handelns gemacht werden soll, keineswegs zu einer Negation spezifischer partikularer Verpflichtungen zwingt.

Es ist ein Missverständnis des christlichen Liebesgebots, wenn es so aufgefasst wird, als setze es die Forderungen der Gerechtigkeit und politischen Klugheit außer Kraft. Selbst im Evangelium wird das Prinzip der Gerechtigkeit nicht durch das der Liebe *ersetzt*. Im Lukas-Evangelium (Lk 6, 20–49) wird in Jesu »Feldrede« bekanntlich die Goldene Regel neben das

77

Gebot der Feindesliebe gestellt. Gewiss geht die neue Botschaft über die Goldene Regel als den moralischen Ausdruck des Reziprozitätsprinzips hinaus. Wir dürfen aber dieses Neue am Liebesgebot nicht einfach im Sinne eines alternativen moralischen Prinzips auffassen. Tun wir das, dann verstricken wir uns in die seit Kant erörterten Schwierigkeiten und Paradoxien, wie Liebe denn überhaupt geboten werden könne. Der Ausweg liegt darin[58], der Liebe eine supramoralische Dimension zuzusprechen. Christen stehen danach nicht unter einem unerfüllbaren Gebot, das ihnen Gehorsam abfordert und Liebesgefühle, die sie nicht haben, welche sie sich aber gegen ihre spontanen Neigungen einreden müssen. Christen sind vielmehr Menschen, deren Lebensgefühl von der Erfahrung durchdrungen ist, dass Gott die Menschen und seine ganze Schöpfung liebt, Jesus Christus diese göttliche Liebe in Menschengestalt verkörpert und sein Vorbild uns einlädt, ihm nachzufolgen und ihn im Rahmen unserer menschlichen Möglichkeiten nachzuahmen. Da aber die Liebe in eine supramoralische Dimension fällt, kann sie die Prinzipien der Organisation des sozialen Lebens wie das Prinzip der Gerechtigkeit in der Gestaltung eines Gemeinwesens, aber eben auch schon in seiner Konstitution, nie ersetzen. Sie kann nur die Regeln der Moral jeweils neu interpretieren, uns dazu befähigen, moralisch zu handeln, unsere Bindung an die Moral stabilisieren, Gnade, Großzügigkeit, Demut ermöglichen, eine Reduktion auf bloß kalkulatorische Reziprozität verhindern. Nur in sektenhaften Randerscheinungen war das Christentum das, was Max Weber in seinen vergleichenden Studien zur Wirtschaftsethik der Weltreligionen einen »Liebesakosmismus« genannt hat, d.h. eine radikale »weltlose« Hingabe an das Ethos der Brüderlichkeit ohne Rücksicht auf die Eigenlogik politischen und wirtschaftlichen Lebens[59]. Die Kirchen waren nie so orientiert. Es trägt nicht zu ihrer Glaubwürdigkeit bei, wenn sie plötzlich in einer einzelnen national und international hoch umstrittenen Frage so tun, als sei gar kein Zweifel möglich, dass dies für sie ebenso wie für den einzelnen Christen die offensichtliche Orientierung sei.

Schluss

Am Ausgangspunkt dieser Überlegungen stand die Frage nach einem angemessenen Verständnis von Kirche in unserer Zeit. Was Kirche ist, sein kann und sein soll, erscheint nämlich neu klärungsbedürftig in einer Zeit, in der immer mehr Menschen keinen Sinn darin sehen, einer anzugehören, gleichwohl aber die Kirchen eine beträchtliche und selbstbewusste Rolle in den moralischen und politischen Auseinandersetzungen spielen. In mehrfacher Weise wurde hier versucht, ausgetretene Wege zu verlassen und weder eine innerkirchlich-theologische Selbstverständigung über Kirche einfach fortzuführen noch die Sozialwissenschaften als Mittel der Kirchen- und Religionskritik einzusetzen. Dabei konnte auf einige bedeutende Denker der Vergangenheit wie Ernst Troeltsch und H. Richard Niebuhr zu-

rückgegriffen werden, in deren Werk sich eine
fruchtbare Synthese von Theologie und Sozialwissenschaften bereits findet. Um eine genauere
Explikation der sich dabei stellenden methodi-
schen Probleme konnte es an dieser Stelle nicht
gehen. Dringender für die Klärung des normativen Bezugsrahmens aller empirischen Analyse
von Kirche erschien vielmehr ein Rückgang auf
die grundlegende Formel zur Bestimmung von
Kirche, die ein wichtiges Konzil der Spätantike
hervorgebracht hat und die seither im Glaubensbekenntnis der Christen wiederholt wird und
sie über die konfessionellen Differenzen hinweg
verbindet. Es zeigte sich, dass diese Formel sich
so auf die zeitgenössische Begriffssprache bezie-
hen und in sie übersetzen lässt, dass sie eine ge-
radezu aufregende Aktualität entwickelt. In ihr
drückt sich die Begeisterung über einen Weg
aus, ein universalistisches Ideal auf Dauer stellen

zu können und für es eine institutionelle Gestalt
gefunden zu haben. Gerade in einer Zeit, in der
der christliche Glaube in mehrfacher Hinsicht
seine kulturelle Selbstverständlichkeit verloren
hat, wird diese Aktualität spürbar. Der Glaube

84

ist – so wurde im Anschluss an William James und Charles Taylor hier argumentiert – heute in zweifacher Hinsicht zu einer Sache der Option geworden: zum einen durch die unvermeidlich gewordene Begegnung der Gläubigen mit anderen, die ihre Konfession oder ihren christlichen Glauben nicht mit ihnen teilen, wobei Wert darauf gelegt wurde, zwischen bloßer Koexistenz und echter Optionalität oder »echtem Pluralismus« zu unterscheiden, zum anderen aber auch durch die Globalisierung des Christentums, durch seine neue Inkulturation etwa in Ostasien und die Rückwirkungen dieser Entwicklungen auf traditionell christlich geprägte Kulturen. In einer Zeit mithin, in der der Glaube zur Option geworden ist und in Europa weithin der Nichtglaube zur Normalität, kann die Botschaft des christlichen Glaubens nur durch eine neue Sprache und eine mutige Elementarisierung seiner Botschaft neu artikuliert werden.

Was aber bedeutet dies für die Kirchen? Ich versuche – gewiss nicht als Erster oder Einziger – unter zeitgenössischen Bedingungen den Blick auf das staunenswerte Phänomen zu richten, dass das Christentum mit der Institution »Kirche« etwas hervorgebracht und über zwei Jahrtausende bewahrt hat, was sich über die schlichte Zusammenfassung der geteilten Heiligkeitssymbole und Weltanschauung eines Stammes, Volkes oder Staats erhebt und ein universalistisches Ideal auf Dauer stellt. Dabei ist dieser Gedanke in keiner Weise schönfärberisch gemeint. Ohne Zweifel hat sich in dieser Kirche oder in den Kirchen immer wieder eine faktische Fusion mit Volk oder Staat abgespielt, sind eigene Korruptionserscheinungen der Institution Kirche zutage getreten oder hat sich die Institution von den von ihr verkündeten Idealen weit entfernt. Wer heute das Staunenswerte, um nicht zu sagen Wunderbare, an der enormen historischen Kontinuität der Kirche hervorhebt, tut dies nur dann nicht in kitschiger oder triumphalistischer Weise, wenn Kirche in zwei Hinsichten relativiert wird. Beides geschah hier, wenngleich notwendig nur in knapper Form. Zum einen ist Kirche eben nie die einzige soziale Organisationsform der

Christen gewesen; es hat immer auch Christen gegeben, die etwa ihr radikales Verständnis der christlichen Botschaft in den kompromissorientierten Kirchen nicht befriedigt fanden und durch eigene Gründungen von dem, was ohne Abwertung eine »Sekte« genannt werden kann, oder durch lockere Zusammenschlüsse mit anderen, mit denen intensive religiöse Erfahrungen geteilt werden, alternative Formen des Glaubenslebens erfanden. Zum anderen haben auch andere Formen universalistischer Idealbildung etwa in Ost- und Südasien zu institutionellen Erfindungen geführt, um die Unabhängigkeit der Religionen von Völkern und Staaten zu ermöglichen, mit ähnlichen Formen des Rückfalls wie im Fall der Kirchen freilich. Ein historisch-sozialwissenschaftliches Verständnis von Kirche muss heute den Pluralismus der sozialen Organisationsformen des Christentums als Reichtum des Christentums darstellen und die Besonderheiten aller dieser Formen durch den Vergleich mit anderen Religionen nach der (hier nur kurz erläuterten) »Achsenzeit« herausarbeiten. Damit werden neue Formen institutioneller Synthesebildung innerhalb des Christentums denkbar, aber sogar über dieses hinaus im Dialog aller universalistisch orientierten Religionen miteinander. Welche Lernprozesse dieser Art schon in der Vergangenheit stattfanden, etwa zwischen Judentum, Christentum und Islam[60] oder sogar darüber hinaus mit den großen asiatischen Religionstraditionen, wird dadurch von höchstem Interesse.

Vor einer solchen Folie des Kirchenverständnisses nehmen sich manche Erscheinungsformen der Gegenwart anders aus, als es geläufig ist. Alle Konzentration des Christentums und der Kirchen auf Moral erscheint dann als höchst problematisch, alle Spezialisierung auf moralisch gezielte Interventionen in der Öffentlichkeit erst recht. Das gilt ganz offensichtlich für die Konzentration auf Fragen der Sexualmoral, die das Bild der katholischen Kirche in der Öffentlichkeit bis zu Papst Franziskus so unglücklich bestimmt hat, zumal dabei nur selten der Eindruck ernster moralischer Sensibilität aufkommen konnte und es eher um ewige Nachhutgefechte einer Institution zu gehen schien, die den epochalen Charakter der Frauenemanzipation und der Ausdehnung des Menschenrechtsverständnisses auf die sexuelle Selbstbestimmung nicht in ihr Welt- und Geschichtsbild aufnehmen konnte. Weniger offensichtlich aber findet sich diese Problematik auch dort, wo aus den Fehlern übergroßer Nähe zum vordemokratischen Staat – wie im Fall des deutschen Protestantismus, der noch der Weimarer Republik als erster deutscher Demokratie überwiegend mit größter Reserve gegenüberstand – der Schluss gezogen wird, es sei jetzt angebracht, die Öffentlichkeit über das zu belehren, was sie unter Demokratie zu verstehen habe. Eine besonders markante Rechtfertigung der Migrationspolitik der Regierung Merkel aus der evangelischen Kirche aus dem christlichen Liebesethos heraus wurde hier deshalb zum Anlass genommen, einem ausschließlich im Sinn des Liebesethos verstandenen Christentum wenigstens in Andeutungen ein komplexeres Verständnis von Liebe und Gerechtigkeitsmoral und des Verhältnisses von universalistischen und partikularen moralischen Verpflichtungen entgegenzuhalten. Gerade der supramoralische Charakter der Liebe spricht gegen eine Verengung des Glaubens und der Kirche auf Moral. Gerade die Eigenständigkeit des christlichen Glaubens auch gegenüber den Ideologien des demokratischen Staats und die zumindest potentielle Unabhängigkeit der Kirchen vom Staat sollten die Rolle der Kirchen als Moralagentur als gefährliche Versuchung erkennen lassen. Dieser Versuchung erliegen die Kirchen viel häufiger, als es ihre ausdrückliche Zustimmung zu einer solchen Rolle erscheinen lässt.

Wichtiger als eine ausdrückliche oder stillschweigende Akzeptanz der Rolle als Moralagentur wäre es, wenn in den Kirchen ein anderer, brüderlicher oder geschwisterlicher Umgang auch und gerade mit den unvermeidbaren Differenzen in den politischen Einschätzungen herrschen würde. Die caritativen und diakonischen Leistungen der Kirchen können ebenso wie die Arbeit ihrer Bildungseinrichtungen und Schulen stärkere Wirkung haben als demonstrative politische Präsenz. Doch kann von einer anderen Art des Umgangs miteinander in den Kirchen leider oft keine Rede sein. In der katholischen Kirche entscheidet meist letztlich klerikale Macht, und in der protestantischen entgleisen leicht die Kontroversen so, dass ein Unterschied zum Parteienstreit nicht erkennbar wird. Ein anderer Umgang miteinander, wenn er als Vorschein dessen, was die Kirchen verkünden, erlebbar wäre, hätte selbst, da bin ich sicher, missionarische Wirkung. Deshalb soll am Ende stehen das ein wenig hilflose, aber doch Hoffnung spendende Wort, das dem Apostel Paulus im Brief an die Epheser (4,2) zugeschrieben wird: »Habt Geduld und sucht in Liebe miteinander auszukommen.«

Anmerkungen und Literatur

1 Alle diese Texte sind in deutscher Übersetzung leicht zugänglich in: Karl Rahner/
Herbert Vorgrimler (Hg.), Kleines Konzils-
kompendium. Freiburg 1966 u. ö.

2 Hubert Wolf, Krypta. Unterdrückte Traditionen der Kirchengeschichte. München
2015, S. 111.

3 Melissa J. Wilde, Vatican II. A Sociological
Analysis of Religious Change. Princeton,
N.J. 2007.

4 Peter Klasvogt, Leidenschaftlich kirch-
lich. Kirche wächst aus ihrem Ursprung.
Paderborn 2013, S. 19. Dieses anregende
Buch geht vornehmlich auf die »Apostel-
geschichte« im Neuen Testament zurück,
um daraus Impulse für die Gegenwart zu
gewinnen.

5 Émile Durkheim, Die elementaren Formen des religiösen Lebens (1912). Frankfurt/ Main 1981.

6 So sehr entschieden Paul Weß, Glaube aus Erfahrung und Deutung. Christliche Praxis statt Fundamentalismus. Salzburg 2010, S. 185 ff.

7 Ebd., S. 186.

8 Karl Kardinal Lehmann, Das katholische Christentum, in: Hans Joas/Klaus Wiegandt, Säkularisierung und die Weltreligionen. Frankfurt/Main 2007, S. 44–77, hier S. 48. An diesen wichtigen Aufsatz knüpfe ich hier an.

9 Karl Rahner, Kirche der Sünder (1947), und ders., Sündige Kirche nach den Dekreten des Zweiten Vatikanischen Konzils, in: K.R., Schriften zur Theologie, Band VI. Einsiedeln 1965, S. 301–320 bzw. S. 321–345. Eine wichtige neuere Studie zu diesem Fragenkomplex ist: William T. Cavanaugh, The Sinfulness and Visibility of the Church: A Christological Exploration, in: ders., Migrations of the Holy. God, State, and the Politi-

cal Meaning of the Church. Grand Rapids, Mich. 2011, S. 141–169.

10 Ebd., S. 328 bzw. 309.

11 Dietrich Bonhoeffer, Sanctorum Communio. Eine dogmatische Untersuchung zur Soziologie der Kirche (1930). München 1954, hier S. 82 bzw. 81.

12 Ausführlicher dazu: Hans Joas, Sakralisierung und Entsakralisierung. Politische Herrschaft und religiöse Interpretation, in: Friedrich Wilhelm Graf/Heinrich Meier (Hg.), Politik und Religion. Zur Diagnose der Gegenwart. München 2013, S. 259–286.

13 Informativ in dieser Hinsicht: Kristian Fechtner, Volkskirche im neuzeitlichen Christentum. Die Bedeutung Ernst Troeltschs für eine künftige praktisch-theologische Theorie der Kirche. Gütersloh 1995, v. a. S. 177–188.

14 Im Folgenden führe ich Überlegungen weiter, die ich zuerst vorgetragen habe in: Hans Joas, Glaube als Option. Zukunftsmöglichkeiten des Christentums. Freiburg 2012.

15 Charles Taylor, Ein säkulares Zeitalter. Frankfurt/Main 2009. Dazu Hans Joas, Die

säkulare Option. Ihr Aufstieg und ihre Folgen, in: Deutsche Zeitschrift für Philosophie 57 (2009), S. 293–300.

16 Joas, Glaube als Option, a. a. O., S. 80 ff.

17 William James, Der Wille zum Glauben (1897), in: ders., Essays über Glaube und Ethik. Gütersloh 1948, S. 40–67, hier S. 42 f.

18 Zuerst beschrieben von: Robert Wuthnow, The Restructuring of American Religion. Princeton 1988.

19 Robert Putnam/David Campbell, American Grace. How Religion Divides and Unites Us. New York 2010.

20 Es handelt sich für mich um eine echte Erhöhung der Optionen, nicht um eine Verbreitung der Ideologie der Wahlfreiheit. Deshalb ist der Satz, dass Optionalität heute selbst nicht Resultat einer Option sei, kein Einwand. Vgl. Cavanaugh, a. a. O., S. 2 (mit Verweis auf Hent de Vries).

21 Ernest Burgess, The Family: From Institution to Companionship. New York 1945.

22 Philip Jenkins, The Next Christendom. The Coming of Global Christianity. Oxford 2004.

23 Karl Rahner, Theologische Grundinter-
pretation des II. Vatikanischen Konzils,
in: ders., Schriften zur Theologie. Bd. XIV.
Köln 1980, S. 287–302.
24 Ebd., S. 297.
25 David M. Thompson, Introduction: map-
ping Asian Christianity in the context of
world Christianity, in: Sebastian C.H. Kim
(ed.), Christian Theology in Asia. Cambridge 2008, S. 3–21, hier S. 13 f. (Übersetzung H. J.).
26 Am einflussreichsten entwickelt bei Harvey
Cox, Stadt ohne Gott? (1965). Stuttgart 1971.
In späteren Arbeiten hat Cox seine Thesen
ausdrücklich zurückgenommen. Vgl. etwa
ders., Die Zukunft des Glaubens. Wie Religion wieder zu den Menschen kommt. Freiburg 2010.
27 Aus der umfangreichen soziologischen Li-
teratur nenne ich exemplarisch: Fenggang
Yang/Helen Rose Ebaugh, Transformations
in New Immigrant Religions and Their Global Implications, In. American Sociological
Review 66 (2001), S. 269–288; R. Stephen

Warner, The De-Europeanization of Christianity, in: Stephen Prothero (Hg.), A Nation of Religions. The Politics of Pluralism in Multireligious America. Chapel Hill, N.C. 2006, S. 233–255.

28 Bischof Joachim Wanke, Wie heute von Gott sprechen ... im nichtchristlichen Umfeld, Vortrag, München, St. Bonifaz, 27. März 2012, unveröffentlichtes Manuskript.

29 Joas, Glaube als Option, a. a. O., S. 210 ff.

30 In Anlehnung an die berühmte Unterscheidung von Albert Hirschman, Exit, Voice, and Loyalty. Responses to Decline in Firms, Organizations, and States. Cambridge, Mass. 1970.

31 Ernst Troeltsch, Die Zukunftsmöglichkeiten des Christentums, in: Logos 1 (1910/11), S. 165–185.

32 Reinhard Marx, Ist Kirche anders? Möglichkeiten und Grenzen einer soziologischen Betrachtungsweise. Paderborn 1990, hier S. 377. Besonders um eine soziologische Analyse der katholischen Kirche und

ihrer Probleme hat sich in Deutschland Franz-Xaver Kaufmann verdient gemacht. Vgl. ders, Kirchenkrise. Wie überlebt das Christentum? Freiburg 2011.

33 Friedrich Wilhelm Graf, Kirchendämmerung. Wie die Kirchen unser Vertrauen verspielen. München 2011, hier S. 124.

34 Ebd., S. 125.

35 Manfred Wichelhaus, Kirchengeschichtsschreibung und Soziologie im neunzehnten Jahrhundert und bei Ernst Troeltsch. Heidelberg 1965.

36 Max Weber, Wirtschaft und Gesellschaft. Tübingen 1922, S. 783 ff. und 812; Ernst Troeltsch. Die Soziallehren der christlichen Kirchen und Gruppen. Tübingen 1912.

37 Dieser Begriff geht auf den Philosophen Karl Jaspers zurück und bezeichnet den Zeitraum von 800–200 v. Chr. Zu den Fragen der genaueren Bestimmung und empirischen Erforschung, auf die hier nicht näher eingegangen werden kann, vgl. Hans Joas, Was ist die Achsenzeit? Eine wissenschaftliche Debatte als Diskurs über Transzen-

denz. Basel 2014; ganz kurz auch im Kapitel »Das Zeitalter der Transzendenz und seine Folgen« in: Hans Joas, Sind die Menschenrechte westlich? München 2015, S. 19–38.

38 Robert N. Bellah, Religion in Human Evolution. From the Paleolithic to the Axial age. Cambridge, Mass. 2011, hier S. 596.

39 Klasvogt, a. a. O., S. 20.

40 Dies ist in Durkheims berühmter Religionsdefinition der Fall. Vgl. Durkheim, a. a. O., S. 75.

41 Fechtner, a. a. O., S. 118.

42 Dazu die klassische Arbeit von H. Richard Niebuhr, The Social Sources of Denominationalism (1929). New York 1975. An Niebuhr knüpft der ehrgeizigste erste Versuch einer umfassenden Soziologie der Kirche an: James M. Gustafson, Treasure in Earthen Vessels. The Church as a Human Community (1961). Chicago 2009.

43 Vgl. Gustafson, a. a. O., S. 111.

44 So Troeltsch, Soziallehren, a. a. O., S. 981.

45 Breit entwickelt bei Hans Joas, Die Entstehung der Werte. Frankfurt/Main 1997.

46 Wolfgang Huber, Kirche in der Zeitenwende. Gesellschaftlicher Wandel und Er-
   neuerung der Kirche. Gütersloh 1998.

47 Trefflich analysiert von Günther Roth, Max
   Weber's Ethics and the Peace Movement
   Today, in: Theory and Society 13 (1984),
   S. 491–511.

48 Graf, a. a. O., S. 131 bzw. S. 134.

49 Wolfgang Schäuble, Das Reformations-
   jubiläum 2017 und die Politik in Deutschland und Europa, in: Pastoraltheologie 105
   (2016), S. 44–53. Zur Entgegnung Christian
   Albrecht, Die Bibel folgt keiner Partei, in:
   Frankfurter Allgemeine Zeitung, 13. Juni
   2016.

50 Ich nenne als besonders wichtig: Johannes
   Fischer, Gefahr der Unduldsamkeit. Die
   »Öffentliche Theologie« der EKD ist pro-
   blematisch, in: Zeitzeichen 17 (2016), Heft 5,
   S. 43–45, Ulrich Körtner, Mehr Verantwor-
   tung, weniger Gesinnung. In der Flücht-
   lingsfrage weichen die Kirchen wichtigen
   Fragen aus, in: Zeitzeichen 17 (2016), Heft 2,
   S. 8–11.

51 Heinrich Bedford-Strohm, Fromm und politisch. Warum die evangelische Kirche die Öffentliche Theologie braucht, in: Zeitzeichen 17 (2016), Heft 7, S. 8–11.

52 Für meine Auseinandersetzung mit dem Denken und Wirken des verstorbenen Chicagoer Kardinals Francis George vgl. Hans Joas, Public Religion, Secularism, and the Ethos of Love, in: Gary J. Adler, Jr. (Hg.), Secularism, Catholicism, and the Future of Public Life. Oxford 2015, S. 155–164. Die zitierten Ausdrücke im Text stammen von Francis Cardinal George und sind entnommen seinem Buch: God in Action. How Faith in God Can Address the Challenges of the World. New York 2011. Einer der wichtigsten Beiträge zur Kritik einer übermäßigen Politisierung der christlichen Kirchen in den USA und eine alternative Vision der »faithful presence« hat vorgelegt: James Davison Hunter, To Change the World. The Irony, Tragedy, and Possibility of Christianity in the Late Modern World. Oxford 2010.

53 Irmgard Schwaetzer, Grußwort auf der Vollversammlung des Zentralkomitees der deutschen Katholiken 25. Mai 2016 in Leipzig, S. 1.

54 H. Richard Niebuhr, Christ and Culture (1951). New York 2001. Das erste Zitat auf S. 237.

55 Ebd., S. 178.

56 Michael Walzer, Sphären der Gerechtigkeit. Ein Plädoyer für Pluralität und Gleichheit (1983). Frankfurt/Main 1992, S. 65–107.

57 William A. Barbieri Jr., Constitutive Justice. New York 2015, hier S. 100.

58 Um eine Klärung dieses Zusammenhangs habe ich mich in früheren Schriften bemüht, wobei die Auseinandersetzung mit Max Scheler und Paul Ricoeur für mich besonders lehrreich war. Vgl. Hans Joas, Die Entstehung der Werte, Kapitel 6 und 10; ders., Liebe, Gabe, Gerechtigkeit, in: Hans Joas (Hg.), Die Zehn Gebote. Ein widersprüchliches Erbe? Köln/Weimar 2006, S. 175–183; ders., Die Sakralität der Person. Eine neue Genealogie der Men-

schenrechte. Berlin 2011, S. 147 ff. (Auf eine Formulierung dort greife ich hier zurück.); Max Scheler, Der Formalismus in der Ethik und die materiale Wertethik (1916). Bonn 2000, v. a. S. 227 ff.; Paul Ricoeur, Liebe und Gerechtigkeit. Tübingen 1990. Bestätigung finde ich jetzt auch in dem Kapitel »Justice and Love« in: Nicholas P. Wolterstorff, Journey Toward Justice. Personal Encounters in the Global South. Grand Rapids, Mich. 2013, S. 105–112.

59 Max Weber, Gesammelte Aufsätze zur Religionssoziologie, Bd. 1 (1920).Tübingen 1988, z. B. S. 546. Er spricht dort in charakteristischer Schärfe von der »Übersteigerung der Brüderlichkeit zu jener den Liebesakosmismus des Mystikers ganz rein darstellenden, nach dem Menschen, dem und für welchen sie sich opfert, gar nicht mehr fragenden, an ihm im letzten Grunde kaum noch interessierten »Güte«, die ein für alle Mal das Hemd gibt, wo der Mantel gefordert wird, an jeden, der ihr zufällig in den Weg kommt, und nur, weil er ihr in den Weg

kommt: – eine eigentümliche Weltflucht in eine Gestalt objektloser Hingabe an jeden Beliebigen, nicht um des Menschen, sondern rein der Hingabe als solcher, mit Baudelaires Worten: um der ›heiligen Prostitution der Seele‹, willen.«

60 Vorzüglich dazu: Michael Borgolte, Christen, Juden, Muselmanen. Die Erben der Antike und der Aufstieg des Abendlandes 300 bis 1400 n. Chr. Berlin 2006.

Joas,

Kirche als Moralagentur?

ISBN 978-3-466-37175-4 €**14,99** [D]
Kösel (583/01)   € 15,50 [A]

WG
1973

9 783466 371754

04
PE-LD

Folie und Etikett sind recyclingfähig